La reliure traditionnelle 1993

ATLAS SPÉCIAL

WATERLOO

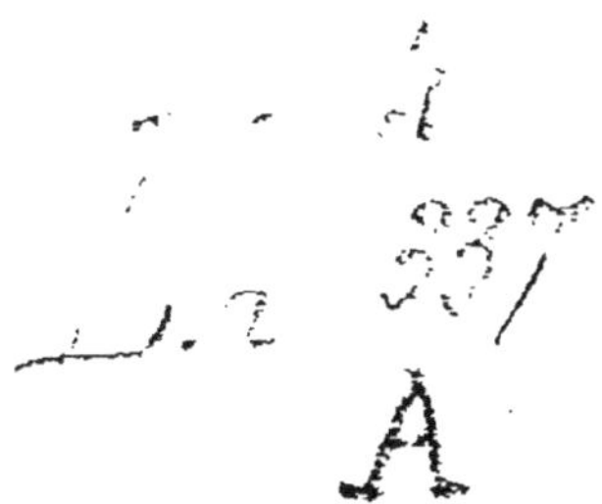

Bruxelles. — Imprimerie de E. Guror, rue de Schaerbeek, 12.

CAMPAGNE DE 1815

WATERLOO

PAR LE L^t.-COLONEL CHARRAS.

ATLAS SPÉCIAL

COMPOSÉ DE CINQ PLANS ET CARTES

DESSINÉS EXPRESSÉMENT POUR CET OUVRAGE

PAR

VANDERMAELEN.

BRUXELLES.

MELINE, CANS ET COMP. — J. HETZEL ET COMP.,

LIBRAIRES-ÉDITEURS.

1858

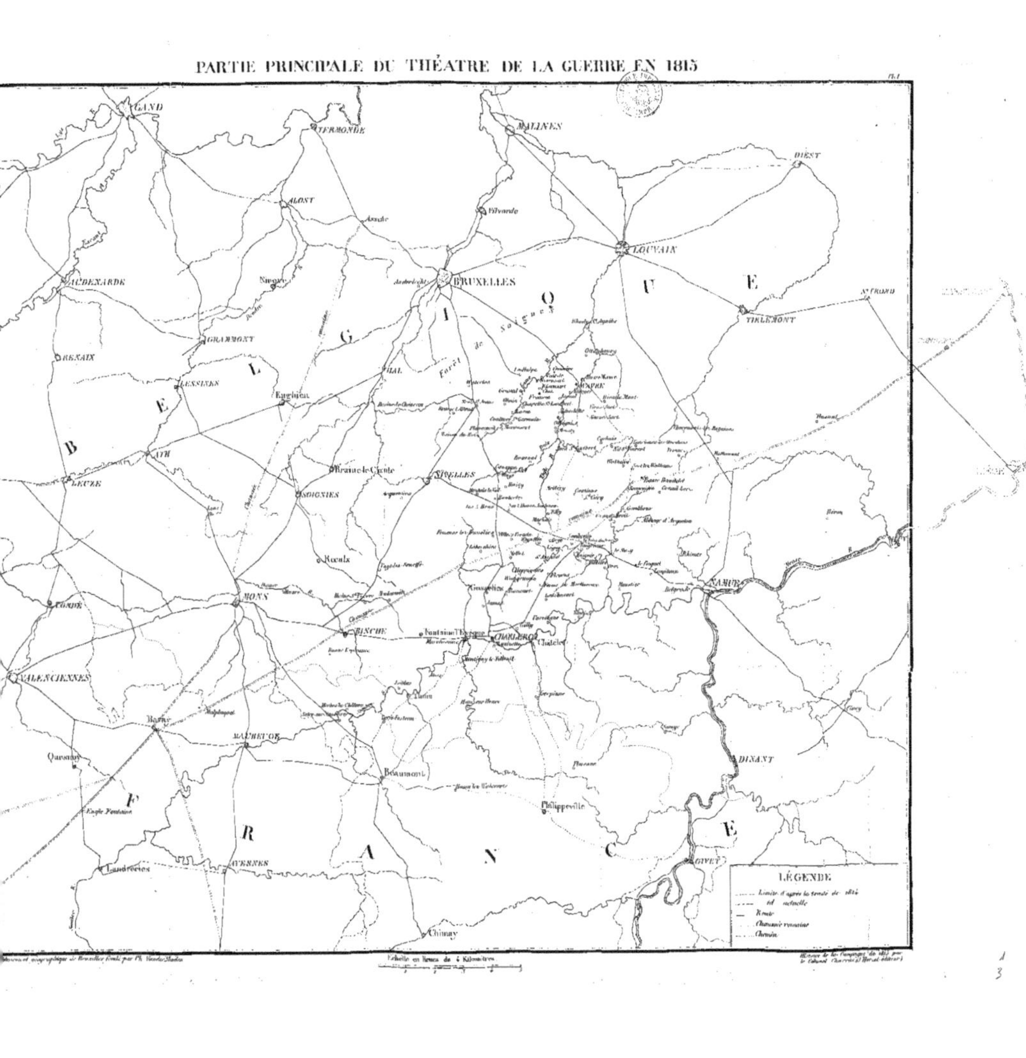
GAND
TERMONDE
MALINES
DIEST
ALOST
Assche
Vilvorde
LOUVAIN
AUDENARDE
Ninove
Anderlecht
BRUXELLES
TIRLEMONT
S.T TROND
GRAMMONT
RENAIX
LESSINES
Forêt de Soignes
Hal
Waterloo
WAVRE
ATH
Enghien
Braine-le-Comte
NIVELLES
LEUZE
SOIGNIES
Roeulx
MONS
NAMUR
BINCHE
Fontaine l'Evêque
CHARLEROI
Châtelet
VALENCIENNES
Binche
Beaumont
Philippeville
DINANT
Quesnoy
Beaumont
Chimay
AVESNES
Landrecies
F R A N C E
B E L G I Q U E
GIVET
LÉGENDE
Limite d'après le traité de 1814
id. actuelle
Route
Chaussée romaine
Chemin

Échelle en lieues de 4 Kilomètres

N° 1.

—

PARTIE PRINCIPALE

DU

THÉATRE DE LA GUERRE EN 1815.

—

Les chaussées portées sur la carte de Belgique sont celles qui existaient au mois de juin 1815.

—

LIGNY

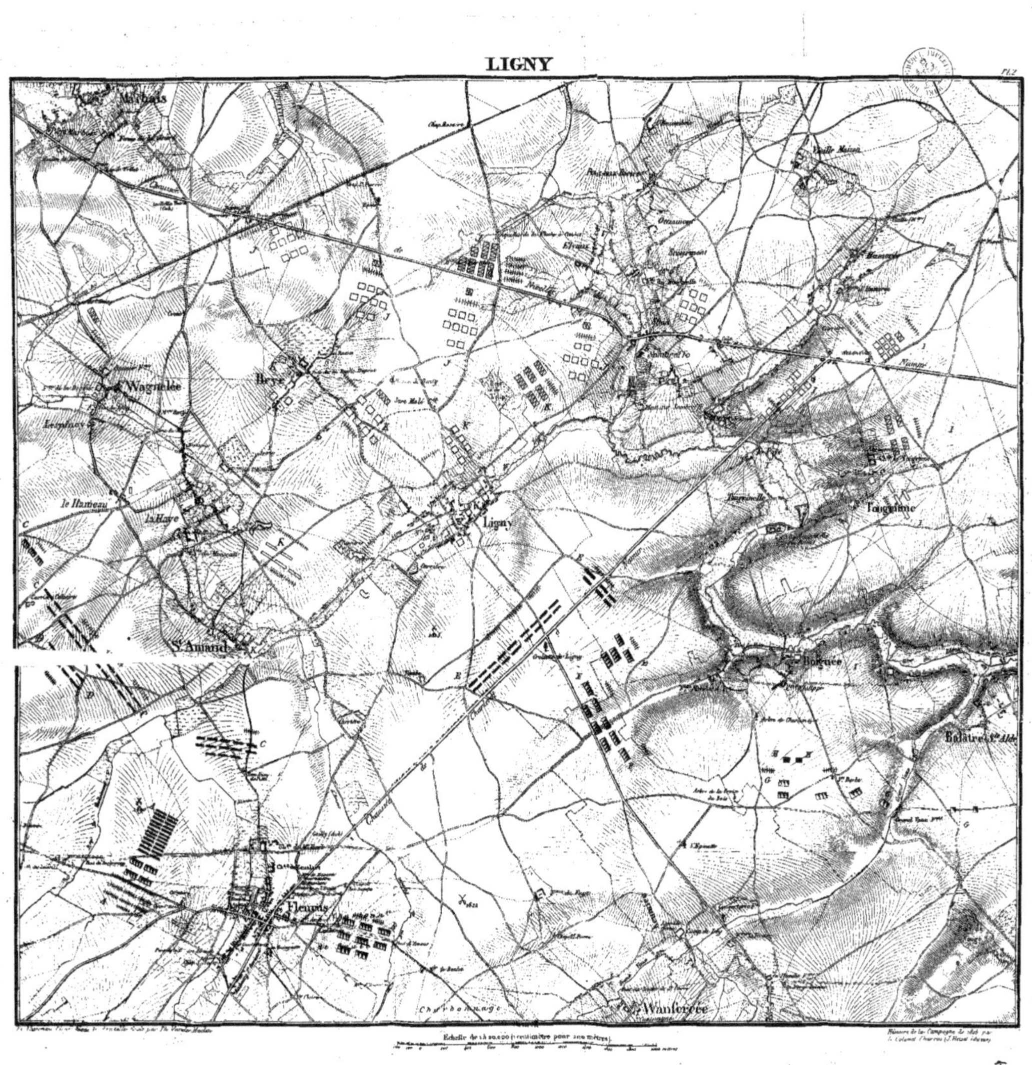

N° 2.

LIGNY.

LÉGENDE.

—

Armée française.

AA. Garde impériale.
BB. 4e corps de réserve de cavalerie (MILHAUD).
CC. 3e corps d'armée (VANDAMME).
DD. Division GIRARD (détachée du 2e corps d'armée).
EE. 4e corps d'armée (GÉRARD).
FF. 2e corps de réserve de cavalerie (EXCELMANS).
GG. 1er corps de réserve de cavalerie (PAJOL).

—

Armée prussienne.

KK. 1er corps d'armée (ZIETEN).
JJ. 2e corps d'armée (PIRCH I).
II. 3e corps d'armée (THIELMANN).

N. B. Les deux armées sont disposées sur le plan comme elles l'étaient à deux heures et demie après midi, au moment où la bataille allait s'engager.

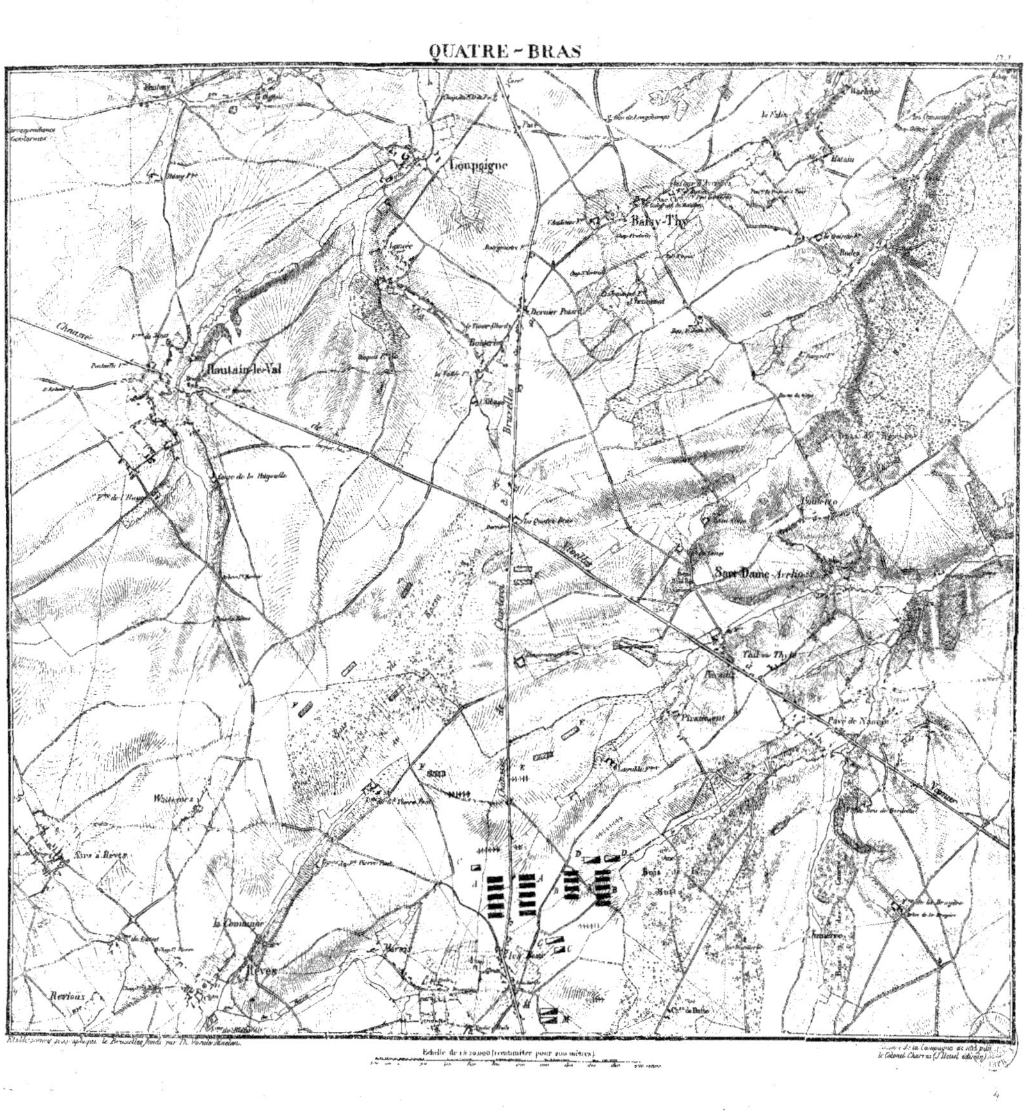

Loupoigne
Baisy-Thy
Chaumes
Hautain-le-Val
Saint-Dame-Arthaux
Tail ou Thyle
Pirauxmont
Pavé de Namur
Wastemex
Vieux à Reves
la Commune
Reves
Revious
Brulotte
Moulin
les Quatre Bras
Escelle de 1:20.000 (trentimètre pour 200 mètres)

N° 3.

QUATRE-BRAS.

LÉGENDE.

—

Armée française.

AA. Division FOY.

BB. Division BACHELU.

DD.
CC. Division PIRÉ.

2e corps d'armée (REILLE).

MM. Division LEFEBVRE DESNOUETTES (garde impériale).

—

Armée anglo-hollandaise.

EE. Brigade BYLANDT.

FF. Brigade du prince de SAXE-WEIMAR.

Division PERPONCHER.

Corps du prince d'ORANGE.

N. B. Les troupes des deux côtés sont disposées sur le plan comme elles l'étaient un peu avant deux heures après midi, au moment où le combat allait s'engager.

Le bois de BOSSU et le bois de la HUTTE sont indiqués sur le plan tels qu'ils étaient en juin 1815.

—

N° 4

WATERLOO.

LÉGENDE.

—

Armée française.

AA. 2ᵉ corps d'armée (REILLE), moins la division GIRARD.
BB. 1ᵉʳ corps d'armée (D'ERLON).
CC. 3ᵉ corps de réserve de cavalerie (KELLERMANN).
DD. 6ᵉ corps d'armée (LOBAU), moins la division TESTE.
EE. Division DOMON (détachée du 3ᵉ corps d'armée). — Division SUBERVIE (détachée du 1ᵉʳ corps de réserve de cavalerie).
FF. 4ᵉ corps de réserve de cavalerie (MILHAUD).
GG. Division GUYOT (garde impériale).
HH. Infanterie de la garde impériale.
II. Division LEFEBVRE DESNOUETTES (garde impériale).

—

Armée anglo-hollandaise.

aa. Division CHASSÉ.
bb. Brigade MITCHELL (détachée de la division COLVILLE).
cc. Division COOKE (gardes anglaises).
dd. Division ALTEN. — Brigade VON KRUZE (contingent de Nassau).
ee. Division PICTON.
ff. Division PERPONCHER.
gg. Brigade VINCKE (division COLE).
hh. Brigades VIVIAN et VANDELEUR.

ii. Division Clinton.

jj. Corps de Brunswick.

k. Brigade Grant.

l. Brigade Dörnberg.

m. Brigade Arentschildt.

n. Brigade Van Merlen.

o. Brigade Somerset (gardes anglaises).

p. Brigade Ponsonby.

q. Brigade Ghigny.

r. Brigade Trip.

ss. Réserve d'artillerie.

tt. Brigade Lambert (division Cole).

N. B. Les armées française et anglo-hollandaise sont disposées sur le plan comme elles l'étaient un peu avant onze heures et demie du matin, au moment où la bataille allait s'engager.

JJ. Position du 6e corps d'armée (Lobau), à quatre heures et demie du soir.

KK. Position des divisions Domon et Subervie, à quatre heures et demie du soir.

A'A'. Position d'une partie du 4e corps d'armée prussien (Bülow), à quatre heures et demie du soir.

B'B'B'. Le 1er corps d'armée prussien (Zieten), un peu avant sept heures et demie du soir.

N. B. La forêt de Soignes, le bois de Goumont, la pente au nord de la Haie-Sainte, le chemin d'Ohain à Braine-l'Alleud sont indiqués sur le plan tels qu'ils étaient en juin 1815.

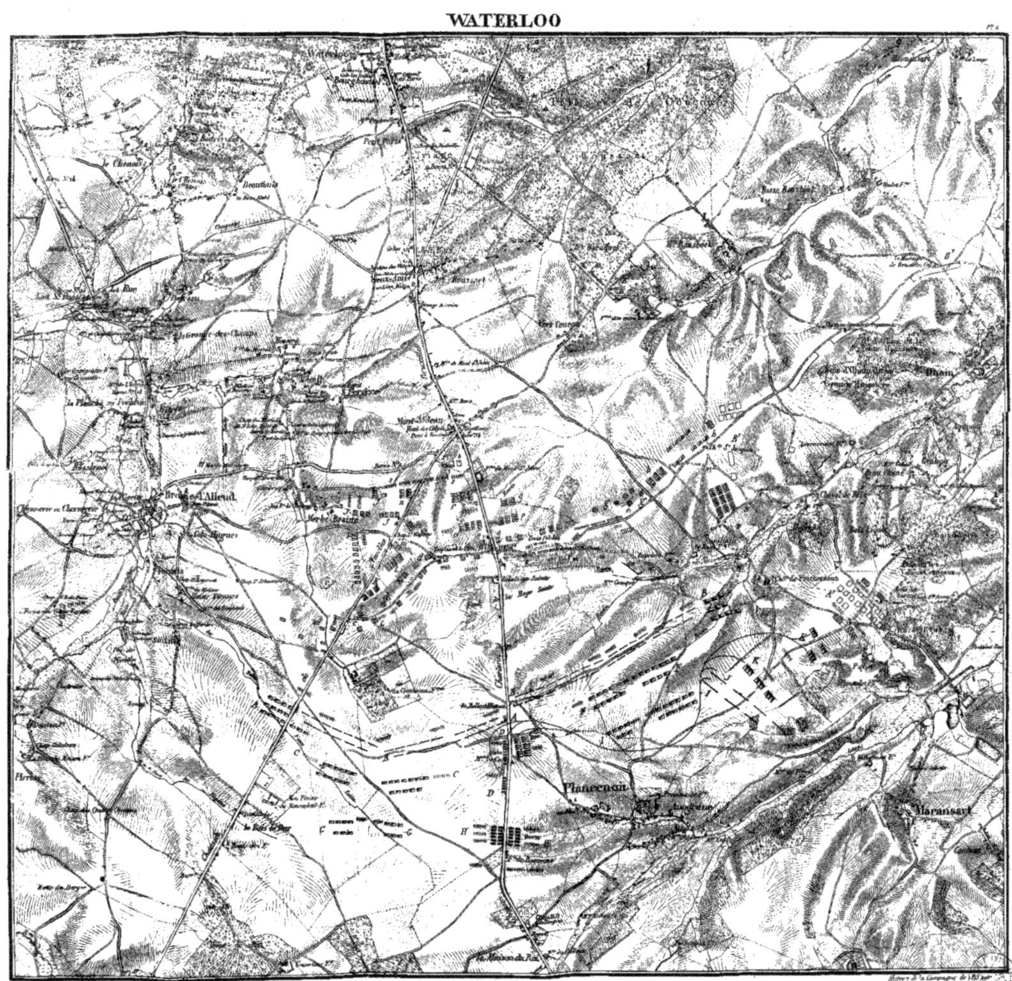

Waterloo
le Chenois
Beauhais
Braine-l'Alleud
Mont-St-Jean
Planchenoit
Maransart
Échelle de 1 à 20000 (1 Centimètre pour 200 Mètres)
Établissement géographique de Bruxelles fondé par Ph. Vander Maelen
Histoire de la Campagne de 1815
le Colonel Charras

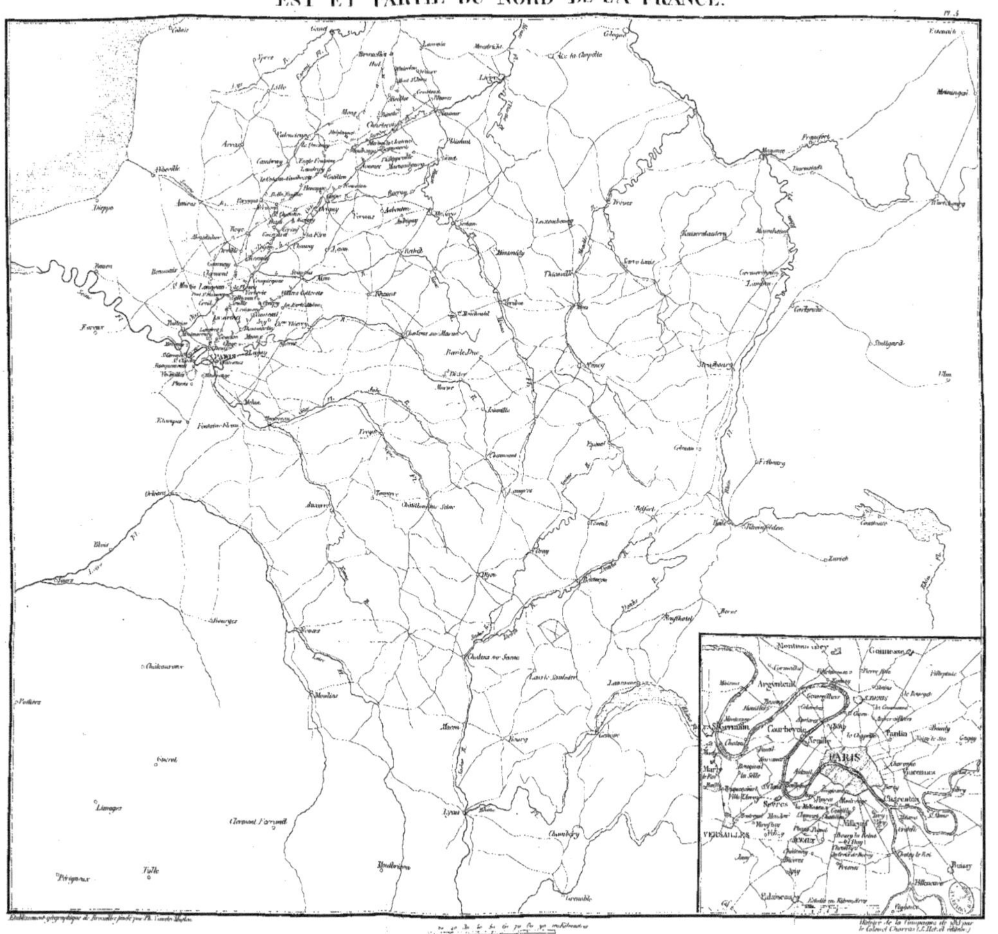

PARIS
VERSAILLES
St Germain
Argenteuil
Courbevoie

N° 5.

EST ET PARTIE DU NORD

DE

LA FRANCE

Les lignes marquées *a a a a*....... indiquent la marche de l'armée anglo-hollandaise sur Paris.

Les lignes marquées *b b b b* .... indiquent la marche de l'armée prussienne sur Paris.

———

TABLE.

———